Wenn ich Kanzlerin von Deutschland wär

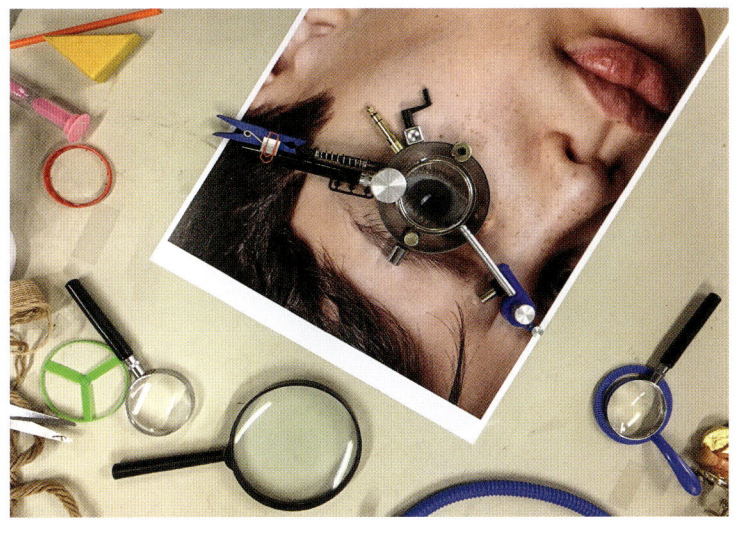

Ein Buch von Jan von Holleben
Mit Texten von Lisa Duhm

Gabriel

Inhalt

Politik für alle

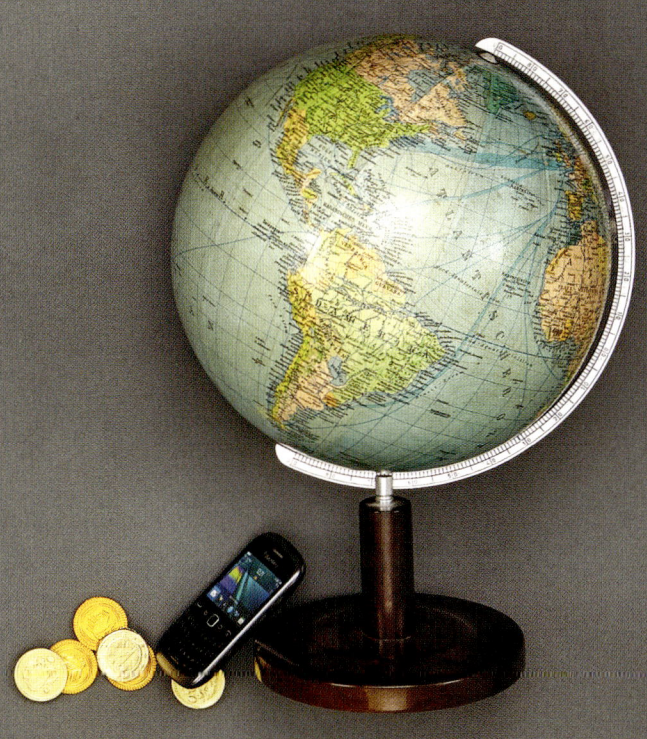

Ist Politik nicht total langweilig für Kinder?

Wenn ein Kind Kanzler von Deutschland wäre, sähe hier wahrscheinlich alles etwas anders aus: Es gäbe kürzere Schultage und längere Ferien, viel mehr Taschengeld und weniger Autos auf den Straßen. Leider kann kein Kind Kanzler oder Kanzlerin werden – sogar wählen darf man erst, wenn man 18 ist. Zum Glück ist Politik aber nicht nur spannend, wenn man selber Kanzler ist. Denn bestimmen darf nicht Kanzler oder Kanzlerin allein. Wenn man genau hinschaut, darf so ein Kanzler sogar rein gar nichts in der Politik einfach selbst entscheiden. Immer muss er zuerst andere Leute nach ihrer Meinung oder Zustimmung fragen. Die Politik kann man sich deshalb wie eine riesige Maschine vorstellen, die am Ende vieler Umdrehungen mit lautem Rattern eine Entscheidung ausspuckt – zum Beispiel, dass Deutschland längere Ferien braucht. Viele Einzelteile sind nötig, damit alles gemeinsam funktioniert. Nur, wer diese geheimnisvolle Maschine versteht, kann auch selbst an den wichtigen Rädchen drehen und so mitreden. Dann macht Politik super viel Spaß.

Obwohl Kinder noch nicht wählen dürfen – sie haben schon ganz schön viel Macht und ein Recht darauf, ihre Meinung zu sagen. Dieses Buch soll dir helfen, besser zu verstehen, wie Politik in Deutschland funktioniert – und dann selber mitzumachen.

Gibt es Politik schon immer?

Dort, wo Menschen zusammenleben, braucht es Regeln. Sonst gäbe es ziemlich schnell Streit. Politik ist dazu da, in einem Staat Regeln aufzustellen. Deshalb gibt es Politik schon immer – eben seitdem Menschen gemeinsam leben.

Du kennst das von zu Hause. Es gibt nervige Regeln: Zum Beispiel, dass man einmal in der Woche sein Zimmer aufräumen muss – und gute Regeln. Etwa, dass sich die große Schwester entschuldigen muss, wenn sie einen geärgert hat. Wenn sich nicht nur die eigene Familie an Regeln halten soll, sondern ein ganzes Land, wird es schnell kompliziert. Schließlich können wir unseren Nachbarn nicht einfach vorschreiben, was sie dürfen oder nicht.

Schon lange vor Beginn unserer Zeitrechnung gab es deshalb politische Systeme. Im antiken Griechenland lebten schon vor etwa 2600 Jahren Menschen in der sogenannten Polis zusammen. Die Polis war ein Mini-Staat, so groß wie eine Stadt. Sie hatte einen Herrscher, es gab Wahlen und eine Art Rathaus. Von dem Wort »Polis« wird unser Wort »Politik« abgeleitet. Auch die Römer hatten ein ähnliches politisches System. Die römische Republik wurde von sogenannten Konsuln regiert, die gewählt wurden. In Volksversammlungen wurde über Gesetze beraten. Diese politischen Systeme sind unserer heutigen Demokratie bereits ein wenig ähnlich. Schaut man noch weiter zurück, gab es aber ganz andere Herrschaftsformen. Im alten Ägypten etwa wurde der König als Vertreter Gottes angesehen. Er allein hatte die Macht und niemand durfte ihm reinreden, wenn er etwas entschieden hatte. Auch das war Politik.

Wofür brauchen wir Politik?

Wenn man verstehen will, wie Deutschland funktioniert, stellt man sich am besten vor, es sei ein Pausenhof. Die Politik ist dafür verantwortlich, dass das Zusammenleben auf diesem Pausenhof möglichst gut läuft. Da gibt es Regeln, an die sich alle halten sollen, die Gesetze. Es gibt Leute, die diese Regeln machen, die Politiker. Viele Bewohner, also Schüler, halten sich an die Regeln. Einige brechen sie immer wieder und werden bestraft. Es gibt Streit und Freundschaft, es gibt Ungerechtigkeit und Protest dagegen. Keiner darf benachteiligt werden und jeder soll sich wohlfühlen.

Was schon auf dem Pausenhof schwierig ist, ist in einer ganzen Gesellschaft noch komplizierter. Denn Deutschland wird nicht von ein paar Hundert Schülern bewohnt, sondern von über 80 Millionen Menschen. Und es ist immer Pause, nie kann man mal zwischendurch ordentlich aufräumen. Ohne ein politisches System geht es deshalb nicht, auch wenn sich viele Leute über die Politik und die Politiker beschweren.

Passiert Politik nur in Berlin?

Im Fernsehen sieht man meist die Politiker aus Berlin. Sie heißen zum Beispiel Bundesministerin oder Bundeskanzler. Das bedeutet, dass sie Politik für ganz Deutschland machen, also auf Bundesebene. Sie gelten als die wichtigsten Politiker, weil sie Entscheidungen für alle Bewohner Deutschlands treffen. Es gibt aber noch viel mehr Politiker, deren Entscheidungen großen Einfluss auf unser Leben haben. Diese Politiker bestimmen, was in den einzelnen Bundesländern passiert, oder sie sind zum Beispiel Bürgermeister einer Gemeinde.

Man kann sich die deutsche Politik wie eine Pyramide vorstellen: Oben auf der Spitze stehen ein paar Bundespolitiker. Sie haben von dort zwar den Überblick, halten Kontakt zu wichtigen Politikern anderer Nationen und können Entscheidungen treffen, damit die Pyramide, also Deutschland, nicht umkippt. Sie kennen sich aber in den Schichten darunter, also den einzelnen Bundesländern, nicht so gut aus. Deshalb gibt es die Landespolitiker, sie stehen auf der Ebene unter den Bundespolitikern. Die Landespolitiker machen die Politik in den einzelnen Bundesländern. Zum Beispiel dürfen sie entscheiden, was auf dem Lehrplan der Schulen steht. Das Fundament der Pyramide bilden die Politiker auf Ebene der Gemeinden. Sie kennen sich in einzelnen Städten und Gemeinden besonders gut aus. Dort entscheiden sie, an welcher Stelle eine Straße gebaut oder ob ein neuer Kindergarten gebraucht wird. Das sind eine ganze Menge Leute, denn in Deutschland gibt es viele Tausend Gemeinden.

Wieso regieren mehrere Parteien gemeinsam?

In einer Partei schließen sich Menschen zusammen, die ähnliche Ideen und Meinungen haben. Die Partei, die bei einer Wahl die Mehrheit der Stimmen gewinnt, darf regieren. Bei 100 Stimmen müsste eine Partei mindestens 51 gewinnen. Sie hat dann die sogenannte absolute Mehrheit. Das passiert aber nur sehr selten. Meist gibt es mehrere Parteien, die ziemlich viele Stimmen gewinnen – aber keine mehr als die Hälfte der Stimmen.

Normalerweise sucht sich dann die stärkste Partei einen Partner, mit dem sie zusammen die Mehrheit hat. Diese beiden Parteien bilden eine Koalition, sie regieren gemeinsam. Damit das gut klappt, schließen sie vor dem Beginn ihrer Amtszeit einen Vertrag, den Koalitionsvertrag. Darin steht, welche Ziele die Parteien als Regierung erreichen wollen. Meist ist deshalb schon vor der Wahl klar, wer mit wem regieren will. Befreundete Parteien, die ähnliche Ziele haben, tun sich zusammen. Manchmal gibt es sogar Bündnisse mit drei Parteien. Da wird es noch schwieriger, gemeinsam zu entscheiden – ohne sich in die Haare zu kriegen. Deshalb gibt es Dreier-Bündnisse eher selten.

Wer hat in Deutschland die Macht?

Wer in Deutschland am meisten zu bestimmen hat, ist gar nicht so einfach zu sagen. Schließlich lässt sich Macht nicht genau messen, etwa in Kilogramm oder in Metern. Außer Politikern gibt es noch einige andere einflussreiche Menschen und Organisationen.

Große Firmen und ihre Chefs sind mächtig. Sie haben nicht nur in ihrem eigenen Unternehmen das Sagen, sondern besitzen auch großen Einfluss auf die Politiker. Denn sie bieten Arbeit für viele Menschen. Wenn es einer Firma schlecht geht, muss sie vielleicht Leute entlassen. Politiker achten also darauf, dass ihre Gesetze den Firmen nicht zu sehr schaden. Die Arbeiter selbst sind ebenfalls mächtig. Sie schließen sich zu sogenannten Gewerkschaften zusammen. Wenn sie unzufrieden mit ihrer Arbeit sind, können sie streiken und nicht zur Arbeit gehen.

Auch das deutsche Volk ist sehr mächtig. Alle erwachsenen Deutschen dürfen wählen, welche Politiker in Zukunft über die Gesetze entscheiden. Allerdings: In Deutschland gibt es rund 62 Millionen Wahlberechtigte, daher hat jeder Einzelne nur einen winzigen Einfluss. Die Medien sind ebenfalls mächtig. Sie bestimmen mit, worüber in Deutschland geredet wird. Was in der Welt passiert, welcher Politiker gerade krumme Sachen macht oder was der Kanzler vorhat – das erfahren die Menschen aus den Medien: Fernsehen, Radio, Zeitung oder Internet. Mit diesen Informationen bilden sie sich eine Meinung und diese Meinung beeinflusst, wen sie später wählen.

**Bundes-
kanzler**

**Bundes-
präsident**

Ist Kanzler oder Präsident der bessere Job?

Das ist schwer zu sagen. Präsident ist zwar das höchste politische Amt in Deutschland. Trotzdem hat ein Präsident im Unterschied zur Kanzlerin nicht viel zu sagen. Seine Hauptaufgabe ist es, dafür zu sorgen, dass Deutschland einen guten Ruf hat. Er hält deshalb viele Reden und trifft andere Regierungschefs. Dafür besucht er sie in ihren Ländern oder lädt sie zu uns ein. Politische Entscheidungen kann er aber nicht treffen. Dafür sind die Bundesregierung mit ihrem Chef, dem Kanzler, und der Bundestag mit den Abgeordneten zuständig. Lediglich bei der Gesetzgebung hat der Bundespräsident Mitspracherecht: Neue Gesetze gibt es nur mit Zustimmung des Präsidenten. Ist der Präsident dagegen, wird das Gesetz nicht erlassen.

Anders als in den USA, wo der Präsident sehr mächtig ist, kann er in Deutschland also nicht wirklich etwas entscheiden. Das liegt daran, dass es in Deutschland mal richtig schiefgelaufen ist mit einem Präsidenten. Damals, im Jahr 1933, hatte der Präsident sehr viel Macht. Er wurde direkt vom Volk gewählt und durfte danach den Kanzler ernennen – in diesem Fall ernannte Präsident Paul von Hindenburg den Nationalsozialisten Adolf Hitler zum Kanzler. Anschließend sorgte Hindenburg dafür, dass es neue Wahlen gab. Die gewann die NSDAP, Hitlers Partei. Hindenburg durfte auch selbst Gesetze erlassen. Dadurch wurden die Nationalsozialisten noch stärker. Sie richteten in den kommenden Jahren die schlimmsten Gräueltaten in der deutschen Geschichte an und begannen den Zweiten Weltkrieg. Nach dem Ende des Krieges entschieden Politiker deshalb, dass der Präsident nicht mehr so viel selbst entscheiden darf. Die Macht wurde auf viele Personen aufgeteilt, die sich gegenseitig kontrollieren, damit so etwas nie wieder passiert.

Warum heißt Deutschland Bundesrepublik mit Vornamen?

Klar, Deutschland ist ein Staat. Aber dieser Staat besteht aus vielen Einzelteilen, den Bundesländern. Insgesamt 16 gibt es davon. Man kann sich Deutschland also als ein riesiges Puzzle vorstellen. Jedes einzelne Teil, also jedes Bundesland, wird gebraucht, damit Deutschland komplett ist. Zusammen bilden die Länder einen Bund. In bestimmten Bereichen darf jedes Land ganz allein bestimmen, etwa in der Schulpolitik. Die Bundesregierung darf nicht vorschreiben, was in den Schulen auf dem Lehrplan steht. So wird die Macht verteilt, aber natürlich auch die Arbeit. Denn die Bundesregierung hat auch so schon genug zu tun. Sie kann sich unmöglich um alles kümmern, was in den Ländern passiert.

Der zweite Begriff in Deutschlands Vornamen, Republik, ist schon ziemlich alt: Die erste bekannte Republik ist die Römische Republik. Sie existierte vor etwa 2500 Jahren. Heute wird das Wort Republik seltener verwendet als der Begriff Demokratie, es meint aber in etwa das Gleiche: In einer Republik hat das Volk die Macht, die Politik soll den Willen der Bürger erfüllen.

Was ist der Unterschied zwischen Bundestag und Bundesrat?

Die beiden haben eigentlich einen ähnlichen Job: Stellvertretend für eine Gruppe versuchen sie, Politik in Deutschland zu machen und Interessen durchzusetzen. Allerdings vertreten sie zwei völlig verschiedene Gruppen: Der Bundestag spricht für das deutsche Volk, der Bundesrat für die einzelnen Bundesländer.

Der Bundestag in Berlin ist das Zentrum der politischen Macht. Hier treffen um die 600 Abgeordnete, vom Volk gewählte Politiker, alle wichtigen Entscheidungen für Deutschland. Bei ihren Versammlungen sitzen die Abgeordneten nach Parteien geordnet zusammen. Von oben betrachtet sieht das ein bisschen aus wie eine angeschnittene Torte. Die Politiker im Bundestag entscheiden beispielsweise, wofür in Deutschland Geld ausgegeben wird – um Familien zu unterstützen oder für Arbeitslose. Der Bundestag stimmt auch über neue Gesetze ab.

Der Bundesrat hat viel weniger Mitglieder als der Bundestag, gerade einmal 69. Die wichtigste Aufgabe des Bundesrats ist, die Gesetzgebung zu kontrollieren. Fast alle wichtigen Gesetze sind von der Zustimmung des Bundesrats abhängig. Der Rat soll aufpassen, dass neue Gesetze den Bundesländern nicht zu viel vorschreiben. Falls das passiert, kann der Bundesrat ein neues Gesetz ablehnen.

Warum hat die Politik Organe?

In deinem Körper hast du viele Organe. Die Niere zum Beispiel, die Leber und die Lunge. Keins der Organe kann seine Aufgabe ohne das andere erfüllen. Genauso ist es mit der Politik: Sie hat unterschiedliche Organe, die nur gemeinsam funktionieren. Natürlich ist die Bezeichnung »Organ« nur ein Bild. Die politischen Organe sind – anders als die Organe in deinem Körper – Organisationen, in denen viele Menschen arbeiten.

Meist unterscheidet man zwischen drei Organen der Politik. Sie werden auch Gewalten genannt, weil sie viel Macht haben. Alle drei haben komplizierte lateinische Namen: die Legislative, die Exekutive und die Judikative. Die Legislative macht die Gesetze. Sie besteht aus dem Parlament, also den Abgeordneten im Bundestag. Die Exekutive muss die Gesetze ausführen, die sich die Legislative ausgedacht hat. Man nennt sie deshalb ausführende Gewalt. Die Bundesregierung ist Chef der Exekutive. Weil sie nicht allein darauf achten kann, dass alle Gesetze eingehalten werden, sind ihr die Polizei und die Gefängnisse unterstellt. Die Judikative schließlich ist die rechtsprechende Gewalt. Sie wird durch alle Richter gebildet. Sie sollen dafür sorgen, dass das deutsche Recht richtig angewendet wird.

Alle drei Organe kontrollieren sich gegenseitig und können eigenständig wichtige politische Entscheidungen treffen. Man sagt dazu auch Gewaltenteilung. Dadurch kann nicht eine Person alleine die Macht über Deutschland haben.

Was machen die Parteien, die nicht regieren dürfen?

Wenn man eine Wahl verliert, ist das ziemlich blöd. Eine andere wird zur Klassensprecherin gewählt oder darf beim Sport in die Mannschaft, in die man eigentlich selbst wollte. Genauso fühlt es sich für Politiker an, wenn sie eine Wahl verlieren.

Die Parteien, die nicht regieren dürfen, nennt man Opposition. Das bedeutet »die Gegenseite«. Die Politiker in der Opposition haben einen wichtigen Auftrag: Sie beobachten die Regierung und kritisieren sie für Dinge, die sie falsch finden. So kann die Regierung nicht einfach machen, was sie will.

Die Politiker der Opposition dürfen Vorschläge machen und mitbestimmen, obwohl sie nicht in der Regierung sind. Sie sitzen als Abgeordnete im Bundestag oder im Landtag. Bei einer Abstimmung zählt ihre Stimme genauso viel wie die der anderen Politiker. Sie können auch selbst neue Gesetze vorschlagen. Allerdings ist es für die Opposition viel schwieriger, eigene Ideen durchzusetzen. Die Politiker der Opposition sind im Bundestag in der Minderheit. Selbst wenn die gesamte Opposition also für ein neues Gesetz stimmt, kann es sein, dass es abgelehnt wird. Außer die Opposition schafft es, auch die anderen Abgeordneten von ihrer Idee zu überzeugen.

Es gibt Parteien, die schon vorab wissen, dass sie die Wahl nicht gewinnen werden. Sie haben einfach nicht genug Unterstützer oder mögliche Verbündete, mit denen sie zusammen regieren könnten. Die Partei »Die Linke« wirbt deshalb häufig schon im Wahlkampf damit, eine gute Opposition zu sein.

So geht Demokratie

Kann der Kanzler oder die Kanzlerin ganz allein entscheiden?

Wenn in Deutschland eine politische Entscheidung getroffen wird, reden viele Leute mit. Allein entscheiden kann hier niemand. Natürlich können aber auch nicht alle Bürger bei jeder Entscheidung abstimmen, auch wenn wir in einer Demokratie leben, das heißt »Herrschaft des Volkes«. Das gäbe großes Chaos. Stattdessen werden Volksvertreter gewählt, die Abgeordneten. Das passiert alle vier Jahre bei der Bundestagswahl. Mindestens 598 Abgeordnete sitzen im Bundestag in Berlin und stimmen ab, wenn eine wichtige Entscheidung getroffen werden soll. Das kann man sich wie eine große Versammlung vorstellen. In einem riesigen Saal treffen sich die Abgeordneten und entscheiden zum Beispiel, ob ein neues Gesetz erlassen werden soll. Sie stimmen auch darüber ab, wer überhaupt Kanzler oder Kanzlerin wird.

Trotzdem hat eine Kanzlerin sehr viel Macht. Ganz allein entscheiden darf sie zwar nicht. Sie bestimmt aber, worüber in der Regierung überhaupt geredet wird. Selbst dazu berät sie sich mit ihren engsten Vertrauten. Die Regierung besteht aus der Kanzlerin und 15 Ministerinnen und Ministern. Jeder Minister hat eine eigene Aufgabe – der Justizminister etwa ist zuständig für die Gerichte und neue Strafgesetze.

Wenn die Kanzlerin etwas sagt, hören ihr alle zu und nehmen es ernst. Die Minister müssen sich dann um die Themen kümmern, die die Kanzlerin wichtig findet. So kann sie zum Beispiel beeinflussen, welche neuen Gesetze vorgeschlagen werden. Daran müssen sich dann alle Bewohner Deutschlands halten. Ziemlich mächtig, oder?

Wäre es nicht viel einfacher, wenn einer allein bestimmen dürfte?

Eigentlich hört sich das vernünftig an. Wenn einer allein entscheidet, dann gibt es schnell eine Lösung für dringende Probleme. Niemand muss lange beraten, wichtige Gesetze sind sofort fertig.

Leider gibt es da einen Haken: Wenn einer allein regiert, ist das ziemlich ungerecht. Derjenige kann – wie früher ein König – einfach machen, was er selbst am besten findet, ohne vorher das Volk zu fragen. So ein System nennt man Diktatur. Das ist tatsächlich ähnlich wie bei einem Diktat: Einer, der Herrscher nämlich, steht vorne und sagt allen anderen ganz genau, was sie tun müssen. Wenn einer einen Fehler macht, wird er dafür meist hart bestraft.

Diktatoren sind oft ziemlich durchgeknallte Typen. Sie tun alles, um ihre Macht zu behalten und noch zu vergrößern: Es gibt keine freien Wahlen wie in einer Demokratie – oder nur der Diktator und seine Partei stehen zur Wahl. Diktatoren fürchten Menschen, die laut ihre eigene Meinung sagen, deswegen sind Demonstrationen meist verboten. Eine Diktatur verstößt gegen die allgemeinen Menschenrechte, die für alle Menschen auf der Welt gelten: Jeder Mensch soll seine eigene Meinung sagen dürfen und auf eine Demo gehen können, wenn ihm etwas nicht passt. Trotzdem ist es schwierig, etwas gegen Diktatoren zu unternehmen. Denn schon beim kleinsten Widerstand werden Menschen ins Gefängnis gebracht.

Wir können also glücklich sein, dass wir in einer Demokratie leben. Klar, auch die Demokratie ist nicht perfekt, und manchmal geht es ungerecht zu. Aber es ist das beste politische System, das wir kennen.

Warum gibt es nicht überall Demokratie?

Damit eine Demokratie funktioniert, müssen sich alle einig sein: »Wir wollen in einer Demokratie leben.« Die Leute, die in diesem Land leben, genauso wie die, die über das Land bestimmen, also die Regierung. Das ist schon schwierig genug. Es ist aber nur der erste Schritt. Damit eine Demokratie richtig gut läuft, braucht es nämlich auch noch ziemlich viel Geld. Das wird benötigt, um gerechte Wahlen zu organisieren. All die Stimmzettel müssen ja gedruckt werden. Oder um die Leute zu bezahlen, die für den Staat arbeiten, Lehrer zum Beispiel oder Politiker. In einer Demokratie bezahlen die Bürger all das selbst, indem sie Abgaben an den Staat zahlen, die sogenannten Steuern.

In vielen Ländern klappt das nicht: Dort herrscht zum Beispiel Krieg, oder es gibt einen Herrscher, der das ganze Geld für sich selbst behält. So kann eine Demokratie nicht funktionieren. Deshalb leben heute nur etwa die Hälfte aller Menschen auf der Welt in einem demokratischen Staat. Es wäre schön, wenn es bald mehr wären. Aber leider sieht es nicht gut aus: Seit Jahren nimmt die Freiheit und die Demokratie auf der Welt immer weiter ab.

Wohnt der Kanzler in einer Villa?

Viele stellen sich das Leben von Politikern luxuriös vor – so wie das Leben eines Stars. Da ist schon was dran: Für die Politiker des Bundestags gibt es zum Beispiel einen Fahrservice. Wann immer sie es brauchen – auch mitten in der Nacht –, steht ihnen eine eigene Limousine zur Verfügung. Wenn sie unterwegs sind, erkennt man sie häufig. Viele Leute wollen dann Selfies mit den Politikern machen.

Ansonsten leben die meisten Politiker ohne besonders viel Luxus. Selbst als Bundeskanzlerin verdient man viel weniger als ein Popstar. Angela Merkel etwa wohnt in einem schicken, aber sonst ziemlich normalen Mietshaus in der Berliner Innenstadt, am Kupfergraben 6. Einen Unterschied zu anderen Wohnungen gibt es schon: Rund um die Uhr stehen Polizisten vor der Tür und bewachen Merkels Zuhause. Manchmal fährt sie raus aufs Land, dort hat sie ein Wochenendhaus. Aber wie eine Villa sieht auch das nicht aus: Dafür ist es zu klein.

Wieso hilft die Politik nicht allen Menschen?

Sie versucht es, denn das ist ihr Job. Aber es klappt nicht immer. Die Politik verteilt jedes Jahr viel Geld an Menschen in Deutschland. Knapp 900 Milliarden Euro gibt die Regierung pro Jahr für sogenannte Sozialleistungen aus, so viel wie für keinen anderen Bereich. Damit hilft sie denjenigen, die Unterstützung brauchen. Also denen, die gerade keine Arbeit haben, die krank oder alt sind oder die Kinder haben. Es gibt noch mehr Hilfe vom Staat: Zum Beispiel bezahlt er Fortbildungen, wenn Menschen ihren alten Beruf nicht mehr ausüben können. Oder er gibt einen Zuschuss für die Klassenfahrt, wenn die Familie sich die sonst nicht leisten kann.

Das hört sich erst mal richtig gut an. Trotzdem gibt es viele arme Menschen in Deutschland. Zum einen sind das die Obdachlosen, die man auf der Straße sieht. Aber auch im Verborgenen gibt es Armut: Gerade Kinder sind immer häufiger betroffen. Etwa zwei Millionen Kinder leben in Familien, die komplett auf Hilfe vom Staat angewiesen sind – da ist nur für das Nötigste Geld da.

Das Problem: Selbst wenn die Politiker wollten, sie können nicht einfach unendlich viel Geld ausgeben. Wenn etwa entschieden wird, dass mehr Geld für Kinder in armen Familien ausgegeben werden soll, muss ganz genau nachgerechnet werden: Wie viel Geld steht überhaupt zur Verfügung? Muss dafür an anderer Stelle gespart werden? Kritiker sagen, dass der Staat nicht bei den Armen sparen darf oder reiche Leute mehr Steuern zahlen sollten, die dann für Arme ausgegeben werden können. Es ist deshalb nicht einfach für die Politik, es allen recht zu machen – und allen Menschen zu helfen.

Wer regiert Deutschland,
wenn der Kanzler im Urlaub ist?

Richtig Urlaub hat ein Kanzler nie: Er muss immer erreichbar sein. Wenn etwas Schlimmes passiert, wie zum Beispiel ein Terroranschlag, dann muss der Kanzler oder die Kanzlerin den Urlaub sogar abbrechen. Das passierte Angela Merkel häufiger. 2016 war sie gerade in den Urlaub abgereist, da gab es in München einen Amoklauf. Die Kanzlerin kam sofort zurück. In solchen Momenten müssen wichtige Entscheidungen getroffen werden, und dafür ist eine Kanzlerin eben da. Merkel musste auch viele Interviews geben, um die Lage zu erklären und den Menschen zu zeigen, dass sie sich persönlich um diese Situation kümmert.

Natürlich hat ein Kanzler aber einen Stellvertreter, den sogenannten Vizekanzler. Der Vizekanzler ist Mitglied der Regierung, also einer der Bundesminister. Dieser übernimmt den Job des Kanzlers, wenn der mal nicht kann. Auch für Notfälle ist der Vizekanzler da: Etwa, wenn der Kanzler einen Unfall hat oder schwer erkrankt. So wird sichergestellt, dass die Regierung auch dann wichtige Entscheidungen treffen kann, wenn der Kanzler nicht da ist.

Kann man die Demokratie abwählen?

Die Demokratie ist ein ziemlich cleveres System. Es hat eine Art eingebaute Notsicherung. Selbst wenn mal ein verrückter Politiker an die Macht kommt und zum Beispiel Kanzler wird, kann er nicht einfach die Demokratie abschaffen. In einer Demokratie ist die Macht auf viele Schultern verteilt: Die Regierung, das Parlament, das Volk, die Gerichte, alle dürfen mitbestimmen und Entscheidungen treffen. Eine Demokratie kann also nicht einfach abgeschafft werden.

Auch das Abwählen wird schwierig. In Deutschland gilt das Grundgesetz, und darin steht ganz genau, wie unsere Demokratie funktioniert: Alle vier Jahre muss es freie Wahlen geben. Jeder Bürger hat ein Recht darauf, in der Politik mitzubestimmen. Und so weiter. Das Grundgesetz kann nur in ganz wenigen Ausnahmen geändert werden. Es klappt also nicht, die Demokratie abzuwählen.

Problematisch wird es, wenn viele Menschen in einem Staat Demokratie nicht mehr so wichtig finden. Das kann zum Beispiel passieren, weil sie schon immer in einer Demokratie leben und deshalb über alles meckern, was schiefläuft. Manche gehen dann nicht mehr zur Wahl oder sie wählen radikale Parteien. Sie sehen nicht mehr die Vorteile der Demokratie, weil die selbstverständlich erscheinen. Dabei sind die Rechte, die die Bürger in Deutschland, in Europa oder den USA haben, überhaupt nicht selbstverständlich. In vielen Ländern haben Menschen diese Rechte nicht. Wir können uns auf sie verlassen, weil wir in einer Demokratie leben.

Warum ist das Grundgesetz so wichtig?

Im Grundgesetz steht, wie die deutsche Demokratie funktioniert. Es legt die wichtigsten Regeln fest, auf die sich jeder berufen kann. Das Grundgesetz besteht aus 146 sogenannten Artikeln, also Abschnitten. Jeder Abschnitt regelt einen wichtigen Punkt. Artikel 3 besagt etwa, dass alle Menschen vor dem Gesetz gleich sind. Das bedeutet: Für alle gelten die gleichen Rechte, keiner wird bevorzugt oder benachteiligt. Artikel 38 legt fest, dass die Wahlen in Deutschland frei und geheim sind.

Das Grundgesetz ist – wie der Name schon verrät – grundlegend für alle Gesetze, die in Deutschland erlassen werden. Neue Gesetze dürfen nicht gegen das Grundgesetz verstoßen. Weil es so wichtig ist, kann das Grundgesetz nur sehr schwer verändert werden. Falls das doch mal nötig sein sollte, weil zum Beispiel ein Gesetz total veraltet ist, müssen dieser Änderung sehr viele Politiker im Bundestag zustimmen. Viel mehr als bei anderen Entscheidungen, nämlich insgesamt zwei Drittel der Abgeordneten im Bundestag. Die Änderung bestimmter Artikel ist sogar ganz verboten: In denen steht etwa, dass Deutschland eine Demokratie ist. Oder, welche Grundrechte deutsche Bürger haben.

Warum hat Deutschland keine Verfassung?

Als das Grundgesetz 1949 in Deutschland gültig wurde, dachten alle, es sei nur eine vorübergehende Lösung. Denn eigentlich haben Staaten eine Verfassung, nicht nur ein Grundgesetz. Eine Verfassung muss vom Volk bestätigt werden, während ein Grundgesetz einfach von Politikern festgelegt wird.

Doch in Deutschland gab es ein Problem: Nach dem Kriegsende 1945 war das Land in vier Teile geteilt worden. Jeder Teil wurde von einem der Sieger des Krieges regiert. Großbritannien, Frankreich, die USA und Russland hatten den Krieg gewonnen und Deutschland unter sich aufgeteilt. Nun wollte Russland seinen Teil nicht wieder zurückgeben. Es gab also keine Möglichkeit, dass alle deutschen Bürger über eine neue Verfassung abstimmten. Die Regierung im Westen Deutschlands wollte keine Verfassung unterschreiben, solange Deutschland noch geteilt war.

Deshalb gab es erst mal nur das Grundgesetz, damit die wichtigsten Regeln feststanden. Der Osten Deutschlands gehörte anschließend noch lange zu Russland, er wurde DDR, Deutsche Demokratische Republik, genannt. Es dauerte über 40 Jahre, bis Deutschland wieder vereinigt wurde. Da gab es dann so viel zu organisieren, dass für eine neue Verfassung schlicht keine Zeit war. Und das Grundgesetz hatte ja schon lange gut funktioniert. Deshalb hat Deutschland auch heute ein Grundgesetz, das die Verfassung ersetzt.

Wieso dauert es so lange, bis neue Gesetze fertig sind?

Damit ein neues Gesetz entstehen kann, braucht es zu allererst mal eins: eine Idee. Ein Gesetz vorschlagen kann nicht einfach jeder. Das dürfen nur bestimmte Politiker, nämlich die im Berliner Bundestag und Bundesrat. In den meisten Fällen hat die Idee aber die Bundesregierung, also Kanzler oder Kanzlerin und die Minister. Zum Beispiel, weil es zu einem Thema eine sogenannte öffentliche Debatte gibt. Ausgelöst wird so etwas ganz unterschiedlich. Es kann ein Video im Internet sein, das zeigt, wie schlecht einige Tiere in deutschen Ställen gehalten werden: Die Regierung will dann diese Tiere besser schützen, weil das viele Bürger fordern.

Aber nur eine Idee zu haben reicht nicht: Die Regierung kann nicht einfach ein neues Gesetz zum Tierschutz erlassen. Viele Leute in Berlin müssen erst zustimmen: Die Abgeordneten im Bundestag, die Mitglieder des Bundesrats und am Ende auch der Bundespräsident. Damit alle diese Leute zufrieden sind, wird viel diskutiert – insgesamt drei Mal wird der Gesetzentwurf im Bundestag vorgestellt, diskutiert und danach überarbeitet. Bei besonders wichtigen Gesetzen werden Experten in den Bundestag eingeladen. Sie sagen dann, wie sie den Vorschlag finden, damit den Politikern ihre Entscheidung leichter fällt. Schließlich wird überprüft, ob das Gesetz nicht vielleicht gegen andere Gesetze verstößt, die es schon gibt. Bis es fertig ist, kann es deshalb Monate oder sogar Jahre dauern.

Wer sorgt dafür, dass sich alle an die Regeln halten?

Egal wo, eigentlich muss man sich überall an Regeln halten. Im Klassenzimmer gilt zum Beispiel: Wenn einer »Stopp« sagt, muss der andere aufhören. Nur klappt das nicht immer. Dann ist hoffentlich ein Lehrer oder die Klassensprecherin da, um einzugreifen. Im Staat funktioniert das ähnlich: Die Bundesregierung und die Abgeordneten im Bundestag können zwar Regeln, also Gesetze, vorschreiben, aber damit sich alle daran halten, brauchen sie viele Leute, die kontrollieren: Menschen, die direkt vom Staat angestellt sind und in einer der insgesamt über 90 Behörden in Deutschland arbeiten.

Jede Behörde hat eine spezielle Aufgabe. Zum Beispiel gibt es das Bundesamt für Naturschutz oder das Eisenbahn-Bundesamt – es ist dafür verantwortlich, dass die Züge in Deutschland sicher fahren. Wenn etwa neue Schienen verlegt werden sollen, müssen die Mitarbeiter des Bundesamts das genehmigen. Sie sollen dafür sorgen, dass alle Vorschriften genau eingehalten werden. Zu den deutschen Behörden zählen auch die Polizei, die Schulbehörde oder die Staatsanwaltschaft. Im Auftrag des Staates ermitteln Anwälte gegen mögliche Verbrecher, die gegen Gesetze verstoßen haben.

Was passiert, wenn ein Politiker durchdreht?

In Deutschland ist man ziemlich vorsichtig mit Politikern und ihrer Macht. Wenn also ein einzelner Politiker durchdreht, hält das unser politisches System aus. Das liegt daran, dass es in Deutschland die Gewaltenteilung gibt, die Legislative, die Exekutive und die Judikative (mehr dazu auf Seite 30).

Manchmal spricht man auch noch von der »vierten Gewalt«. Damit sind die Medien gemeint. Sie gehören zwar nicht offiziell zum politischen System, aber sie haben viel Einfluss. Wenn ein Journalist zum Beispiel herausfindet, dass ein Politiker Mist gebaut hat, kann er darüber einen Artikel schreiben. Dann wissen alle Bescheid und der Politiker verliert vielleicht seinen Job. Auch die Medien helfen also, die Politik zu kontrollieren.

Es kommt immer wieder vor, dass Politiker an die Macht kommen, die viele Leute nicht gut finden. Manche halten diese Politiker dann für verrückt, weil sie Dinge tun, die durchgedreht erscheinen. Das Gute an einer Demokratie ist: Wenn die Mehrheit der Bürger findet, dass ein Politiker durchgedreht ist, dann wird er bei der nächsten Wahl nicht wiedergewählt. Und ist spätestens dann seinen Job los.

Warum haben einige Länder Könige, die nichts bestimmen dürfen?

Eigentlich müsste Queen Elizabeth II., die Königin Großbritanniens, die mächtigste Frau der Welt sein. Sie ist Staatsoberhaupt von England, Kanada, Australien und Neuseeland. All diese Länder gehören seit fast 100 Jahren zu einem Verbund aus Staaten, dem sogenannten Commonwealth. Hier gilt die Regel: Der Verbund wird vom britischen König regiert. Früher war dieser König sehr mächtig. Aber die heutige Queen hat politisch überhaupt nichts mehr zu sagen: Weder in Großbritannien, ihrem eigenen Land, noch in Kanada oder Neuseeland. Das liegt daran, dass Großbritannien heute eine Demokratie ist. Die Bürger wählen also ihre Regierung selbst. Dazu passt kein König, der ja gleich als Prinz geboren wird. Niemand könnte sich den aussuchen. Viele Bürger finden die Queen und die ganze Königsfamilie aber trotzdem toll. Unter anderem auch, weil viele Touristen deswegen nach England kommen. Das ist gut für die Wirtschaft. Deshalb hat man sich darauf geeinigt, dass es weiterhin eine Königin gibt. Die darf nicht viel mehr als nett lächeln und winken. Das ist ziemlich anstrengend: Denn dabei ist es ganz egal, wie es ihr gerade geht.

Die
Europäische
Union

Die Europäische Union

Wer gehört alles zur EU?

Klar, Europa ist ein Kontinent. Trotzdem gehören nicht alle Länder auf diesem Kontinent zur Europäischen Union. Von 47 europäischen Staaten sind nur 28 Mitglied in der EU. Denn die EU ist eine politische Gemeinschaft. Ob ein Land dabei sein darf, hängt nicht nur davon ab, wo es auf der Landkarte liegt. Es muss vor allem die Bedingungen der EU erfüllen und unbedingt eine Demokratie sein. Fünf weitere Staaten wollen im Moment dazukommen. Und ein Land will austreten: Großbritannien.

Wer alles Mitglied in der EU ist, ändert sich immer wieder. Angefangen hat der Vorgänger der Europäischen Union, die Europäische Wirtschaftsgemeinschaft oder EWG, mal mit sechs Mitgliedern. Das ist schon richtig lange her: 1957 gründete sich die EWG. Damals waren Frankreich, Belgien, Deutschland, Italien, Luxemburg und die Niederlande dabei. Seitdem sind immer mehr Länder dazugekommen, zuletzt Kroatien im Jahr 2013.

Ist Deutschland Chef von der EU?

Gäbe es eine Klassensprecherin der EU, wäre das wohl Angela Merkel. Sie sagt gerne ihre Meinung zur EU-Politik und gibt häufig den Ton an. Chefin darf sie sich aber nicht nennen. Denn die EU funktioniert wie ein eigener Staat, mit einer Regierung, einem Parlament und Gesetzen. Alles soll möglichst demokratisch ablaufen und kein Mitgliedsland kann einfach Chef sein.

Die Bürger der EU wählen alle fünf Jahre das Parlament der Europäischen Union. Das Parlament ist dafür zuständig, neue Gesetze zu erlassen. Die gelten dann in der ganzen EU. Dabei zählt ein Wahlzettel aus Deutschland genauso viel wie einer aus Polen oder Frankreich. Auch im Vorsitz des Europäischen Rats wechseln sich die einzelnen Staaten ab – jeder darf sechs Monate lang der Vorsitzende sein. Im Europäischen Rat treffen sich alle Regierungschefs der Mitgliedsstaaten und entscheiden über die großen Ziele und Pläne der EU.

Trotzdem – in den letzten Jahren wurde Deutschland häufiger vorgeworfen, es würde sich zu sehr als Chef der EU aufspielen. In der EU wohnen über 500 Millionen Bürger, 80 Millionen davon in Deutschland. Jeder sechste EU-Bürger ist also Deutscher, obwohl die EU insgesamt 28 Mitglieder hat. Deutschlands Wirtschaft läuft auch ziemlich gut, die meisten Menschen haben Arbeit. Das ist in vielen anderen EU-Ländern anders, dort geht es den Menschen oft nicht so gut. Und dann gibt es da noch Angela Merkel: Weil ihr Land stark ist, hat sie als Regierungschefin in der EU viel zu sagen – denn Deutschland zahlt auch viele Abgaben an die EU. Chef der EU ist Deutschland trotzdem nicht.

Was ist denn so toll an der EU?

Die EU bestimmt über ziemlich viele Dinge in unserem Leben. Zum Beispiel legt sie fest, wie lange ein Verkäufer Garantie auf ein Smartphone geben muss. Oder sie sagt, wie sauber die Luft sein sollte, die wir alle atmen. Seit es die EU gibt, gab es keinen Krieg mehr zwischen den Mitgliedsstaaten. Weil sich alle gut kennen und viel miteinander diskutieren, kann ein Streit meist schnell gelöst werden.

Die EU ist eine starke Gemeinschaft, sie sorgt für Frieden. Das erscheint total selbstverständlich. Es ist aber so besonders, dass die EU dafür einen Preis erhalten hat: den Friedensnobelpreis. Die Regelungen der EU bestimmen unseren Alltag – auch wenn wir vielleicht gar nicht immer wissen, dass die EU dahintersteckt.

Trotzdem gibt es viele, die über die EU meckern oder sogar wieder austreten wollen. Sie finden, dass die Europäische Union zu viel Macht besitzt und die Bewohner der einzelnen Staaten zu wenig zu sagen haben. Es gibt aber auch viele Leute, die die EU toll finden. Sie glauben, dass Europa ohne die EU in der Welt weniger zu sagen hätte und es den Menschen hier schlechter ginge. Die EU ist eine starke Wirtschaftsmacht, weil ihre Mitgliedsländer gut zusammenarbeiten. Auch politisch ist sie eine Einheit. Sie sagt ihre Meinung zu wichtigen Themen in der Weltpolitik – und alle nehmen das ernst. China etwa, oder die USA, die selber sehr stark sind. Würden die europäischen Länder nur für sich allein sprechen, würde ihnen nicht so viel Aufmerksamkeit geschenkt. Das ist so, wie wenn du dich mit deinen Freunden zusammentust. Alleine hättet ihr keine Chance gegen die Coolen aus der Parallelklasse, die in der Pause immer als Erste den Fußballplatz besetzen. Aber wenn ihr zusammen vor ihnen steht und gemeinsam fordert, dass ihr auch mal spielen dürft, dann geben sie auf – oder ihr einigt euch wenigstens darauf, dass ihr euch mit ihnen abwechselt. Genau das macht die EU: Viele kleine Länder tun sich zusammen, um gemeinsam stark zu sein und eine Chance gegen die Großen zu haben.

Wo trifft sich die EU und warum
hat sie keine Hauptstadt?

Berlin ist Deutschlands Hauptstadt. Für die EU kann man das nicht so einfach sagen – die Europäische Union hat nämlich keine Hauptstadt. Stattdessen sind gleich drei Städte für die EU besonders wichtig: Brüssel, die Hauptstadt von Belgien, Straßburg, eine Stadt in Frankreich, und Luxemburg, die Hauptstadt Luxemburgs – Hauptstadt und Land heißen wirklich gleich! In diesen drei Städten treffen sich die wichtigsten Politiker und Mitarbeiter der EU, hier werden die Entscheidungen getroffen. Das wurde so vereinbart, damit kein EU-Land neidisch auf das andere sein muss, weil es die EU-Hauptstadt abbekommen hat. Wenn man die EU besuchen möchte, dann fährt man aber meist nach Brüssel. Dort haben die Abgeordneten ihre Büros und die meisten wichtigen politischen Sitzungen finden hier statt. Einmal im Monat fahren aber alle Mitglieder des Europäischen Parlaments nach Straßburg. Dort treffen sie sich zu Sitzungen und entscheiden zum Beispiel über neue Gesetze. In Luxemburg befindet sich der Europäische Gerichtshof. Die Richter und Richterinnen achten darauf, dass alle Mitglieder der EU sich an die Gesetze halten, die die EU bestimmt hat.

Warum haben nicht alle Länder
in der EU den Euro?

Stell dir vor, der Euro ist von einem Tag auf den anderen nichts mehr wert. Du kannst nicht mehr mit deinem gesparten Taschengeld im Supermarkt einkaufen. Stattdessen verspricht die Regierung neues Geld, das besser ist als der Euro. Ein ziemliches Risiko, findest du? So ging es auch den Menschen in der EU, als im Jahr 2002 der Euro eingeführt wurde. Viele hatten Angst, dass es mit der neuen Währung nicht klappt und all ihr Geld plötzlich nichts mehr wert ist. Dass es mit dem Euro gut laufen würde, konnte ja keiner wissen. Deshalb haben nicht alle EU-Mitglieder den Euro eingeführt. Einige haben ihr Volk darüber abstimmen lassen, Schweden etwa oder Dänemark. Dort waren die Leute dagegen. In Deutschland haben sich die Politiker für den Euro entschieden und die Deutsche Mark abgeschafft. Heute sind 19 Staaten Mitglieder der sogenannten Euro-Zone, dort kann man also mit dem Euro zahlen.

Auch heute hat der Euro viele Kritiker. Denn wenn ein Euro-Land finanzielle Probleme hat, müssen ihm die anderen Euro-Staaten helfen. Wenn dieses Land zum Beispiel so viele Schulden hat, dass es pleitegeht, kann das für den Euro schlimme Folgen haben. Dann hängen alle anderen mit drin. Als Euro-Land hat man also eine hohe Verantwortung und trägt ein Risiko. Aber man hat eben auch die Sicherheit: Wenn es einem selbst mal nicht gut geht, steht man nicht alleine da.

Wenn die EU etwas beschließt, kann Deutschland dann »Nein« sagen?

So einfach ist das nicht. Die Gesetze, die die EU beschließt, müssen in Deutschland angewandt werden. Das ist eine Bedingung, damit man Mitglied in der EU sein kann. Das EU-Recht zählt also mehr als das deutsche Recht. Es gibt allerdings eine Ausnahme: Das deutsche Grundgesetz zählt noch mehr als EU-Gesetze. Falls also ein Gesetz, das sich die EU überlegt hat, gegen das deutsche Grundgesetz verstößt, kann gegen das EU-Gesetz geklagt werden. Deutschland muss es dann nicht anwenden. Das Grundgesetz sagt, welche Rechte Menschen in Deutschland auf jeden Fall haben: Jeder soll fair und gleich behandelt werden, zum Beispiel. Diese Grundrechte sind so wichtig, dass sie in der ganzen EU gelten und nicht verändert werden können.

Warum merkt man nicht, wenn man in der EU über die Grenze fährt?

Das liegt an einem Blatt Papier. Auf dem steht, dass EU-Bürger innerhalb der EU frei reisen können. Auf diesem Blatt unterschrieben vor über 30 Jahren alle Mitglieder der Europäischen Union. Sie trafen sich dafür in einem Ort in Luxemburg, nach dem der Vertrag benannt ist: Schengen. Das Schengener Abkommen war damals, 1985, etwas ganz Neues. Bis dahin gab es an allen Grenzen Kontrollen. Der neue Vertrag beinhaltete, dass die inneren Grenzen der EU nicht mehr so gut geschützt werden sollten. Dafür mussten die Außengrenzen der EU besser bewacht werden. Deshalb dauerte es lange, bis Leute tatsächlich ohne Überprüfung reisen konnten und der Vertrag wirklich umgesetzt war – ganze zehn Jahre. Denn die EU brauchte einheitliche Vorschriften für alle, die einreisen wollen. Vorher hatte jedes Land eigene Regeln. Und die Polizisten in den unterschiedlichen Staaten mussten plötzlich zusammenarbeiten.

Seitdem das Schengener Abkommen umgesetzt ist, gilt: Man muss zwar immer noch seinen Ausweis bei sich haben, wenn man sein Heimatland verlässt und in ein anderes EU-Land fährt. Sonst muss man eventuell Strafe zahlen. Aber es gibt an der Grenze keine Ausweiskontrollen mehr.

Das ist anders, wenn man in Länder außerhalb der EU reist. Will man zum Beispiel nach Australien, muss man zuerst ein Visum beantragen. Bei der Einreise muss man dann das Visum und seinen Pass vorzeigen. Auch innerhalb der EU kann es Ausnahmen geben. Während der sogenannten Flüchtlingskrise etwa führten mehrere Staaten die Kontrollen wieder ein. Eine Regel im Schengener Abkommen sagt, dass EU-Staaten das dürfen, wenn die eigene Bevölkerung bedroht ist – allerdings nur für bis zu sechs Monate.

Könnte Deutschland einfach aus der EU austreten?

Deutschland könnte zwar austreten, aber einfach wäre das nicht. Und es ist auch sehr, sehr unwahrscheinlich. Das versteht man am besten, wenn man sich das Beispiel von Großbritannien anschaut. Als sich Großbritannien 2016 für den Austritt aus der EU entschied, waren alle total geschockt. Damit hatte niemand gerechnet, denn vorher hatte sich das noch nie ein Land getraut. In Großbritannien entschieden die Bürger, dass sie austreten wollen. In einer Abstimmung sagten 52 Prozent der Wähler, dass sie nicht mehr zur EU gehören wollen. Das waren nur ganz knapp mehr als die Hälfte. Das ist das erste Problem bei einem solchen Austritt: Wenn ein großer Teil der Wähler den Austritt nicht will.

Das zweite Problem: Niemand weiß genau, wie es nach einem solchen Austritt mit dem Land weitergeht. Nur eins ist sicher: Es gibt erst mal sehr lange Verhandlungen. Alles muss neu geklärt werden: Dürfen EU-Bürger weiterhin in diesem Land wohnen und arbeiten? Wie handelt man in Zukunft miteinander? Muss das Land, das die EU verlässt, wieder Geld an den Zoll zahlen? Hunderte von Gesetzen müssen geändert werden, das dauert.

Selbst wenn es dann erst mal gut läuft: In Krisenzeiten ist die Gemeinschaft wichtig. Gemeinsam sind die EU-Staaten stärker. In Deutschland sind die regierenden Politiker und die Bevölkerung von der EU sehr überzeugt. Deswegen ist ein Austritt zwar möglich, aber extrem unwahrscheinlich.

Kann man sich die Mitgliedschaft kaufen wie in einem Fitnessklub?

Nur durch Geld kann niemand Mitglied der EU werden. Die EU ist nicht irgendein Fitnessklub, sondern eher die Nationalmannschaft: Wer da reinwill, muss richtig gut sein und es wirklich wollen. Bis ein neues Mitglied aufgenommen wird, vergehen deshalb meist Jahre. Bei einigen klappt es gar nicht.

Während der Bewerbung muss das Land, das Mitglied werden will, viele Tests bestehen. Zum Beispiel muss es zeigen, dass die eigene Wirtschaft gut funktioniert und es nicht nur in die EU will, um etwas von deren Geld abzubekommen. Außerdem muss das Land eine Demokratie sein und seinen Bürgern die Menschenrechte garantieren: Wird zum Beispiel ein Bürger angeklagt, muss er einen fairen Prozess vor Gericht bekommen. Außerdem muss der Bewerber versichern, dass er das EU-Recht und alle anderen Entscheidungen der EU anerkennt. Wenn das Land all diese Kriterien erfüllt, dann kann es theoretisch Mitglied werden. Damit das wirklich passiert, muss am Schluss jedes einzelne EU-Mitgliedsland dem Beitritt zustimmen.

Die Parteien
in Deutschland

Was bedeutet es, wenn jemand »links« oder »rechts« ist?

Jeder Mensch glaubt an bestimmte Dinge. Zum Beispiel, dass sich alle in der Familie vegetarisch ernähren sollten, weil das besser für die Umwelt ist. Oder dass es jeden Tag Fleisch zu essen geben sollte, weil das eben gut schmeckt. Genauso ist es in der Politik: Menschen haben verschiedene Überzeugungen und Meinungen zu unterschiedlichen Themen. Die lassen sich auf dem sogenannten politischen Spektrum einordnen – von links bis rechts. So wie man bei einem Regenbogen das ganze Farbspektrum von blau bis rot sehen kann, zeigt das politische Spektrum die unterschiedlichen politischen Überzeugungen. Auf der linken Seite des Spektrums steht zum Beispiel die Überzeugung, dass es gut ist, wenn sich Dinge verändern. Rechts dagegen steht die Meinung, dass man sich besser auf das Alte, Erprobte verlässt, das schon immer funktioniert hat. Linke Überzeugungen sind also das Gegenteil von rechten Überzeugungen.

Einige Menschen haben besonders starke politische Überzeugungen, die am einen oder anderen Ende des Spektrums eingeordnet werden können. Diese Menschen können als »links« oder »rechts« bezeichnet werden. Aber Achtung: Eigentlich ist es ein bisschen zu einfach, Menschen mal eben in eine der beiden Schubladen zu stecken. Denn je nachdem, um welches Thema es geht, können Leute ganz unterschiedliche Meinungen haben – im einen Fall »rechts« und im anderen »links«.

Warum haben Parteien Farben?

Parteien haben komplizierte Namen. Sozialdemokratische Partei Deutschlands, Christlich Demokratische Union Deutschlands, Freie Demokratische Partei. Wer soll sich das denn merken, geschweige denn auseinanderhalten? Immerhin gibt es Abkürzungen, das ist schon mal leichter: SPD, CDU und FDP. Farben kann man sich aber noch besser merken. Deshalb ist die SPD rot, die CDU schwarz und die FDP gelb. Bei einigen Parteien steht die Farbe direkt für ihr Programm: Die Grünen wollen sich für die Umwelt einsetzen. Einige Farben werden auch schon lange in der Politik verwendet. Schon vor über 100 Jahren färbten Arbeiter ihre Fahnen rot, als sie für bessere Arbeitsbedingungen demonstrierten. Die SPD verwendet diese Farbe deshalb gern.

Schon von Weitem erkennt man so, welches Wahlplakat zu welcher Partei gehört. Wer es richtig ernst meint, kann sich Kleidung in der Farbe seiner Partei anziehen. Das machen Politiker häufig während des Wahlkampfs – und binden sich zum Beispiel eine rote Krawatte um.

Welche »Farben« passen zusammen?

Es ist ein bisschen wie in der Pause auf dem Schulhof: Da gibt es die eine Gruppe, die immer neben dem Kiosk rumhängt. Die können überhaupt nicht mit den Fußball-Jungs, verstehen sich aber ganz gut mit der Clique aus der Parallelklasse. Auch in der Politik verstehen sich einige Parteien ganz gut miteinander, andere dagegen überhaupt nicht. Es gab schon häufiger Rot-Grüne Regierungen, dafür schlossen sich die SPD und Die Grünen zusammen. Auch Schwarz-Gelb gab es, also CDU und FDP. Wenn die CDU und die SPD gemeinsam die Macht haben, kommt Schwarz-Rot heraus. Rot-Rot-Grün kommt auch vor, dann regieren SPD, Die Linke und Die Grünen zusammen. Wer sich mit wem zusammentut, liegt aber nicht daran, welche Farben gut zusammenpassen. Sondern, welche Parteien ähnliche Ideen und Ziele haben. Einige Parteiprogramme passen besser zusammen als andere. Heute haben die Parteien häufig sehr ähnliche Ziele. Um an die Macht zu kommen, können sich die meisten eine Zusammenarbeit vorstellen. Nur bei einer der größeren Parteien sind sich bisher alle sicher, dass sie mit ihr kein Bündnis wollen: mit der AfD, der Alternative für Deutschland, einer relativ neuen Partei. Deren Mitglieder sind zum Beispiel strikt gegen die Aufnahme von Flüchtlingen. Diese Partei hat die Farbe Blau.

Kann eigentlich jeder eine neue Partei gründen?

Ja. Wirklich jeder. Es muss eine Versammlung geben und einen Vorstand. Der Vorstand muss drei Mitglieder haben, die mindestens 18 Jahre alt sind. Dann braucht die Partei einen Namen, der sich von den anderen Parteien unterscheidet. Sie legt ein Programm mit ihren Zielen fest. Und, das Allerwichtigste: die Partei braucht Leute, die sie wählen wollen. Um bei der Wahl antreten zu können, muss eine neue Partei bis zu 2000 Unterschriften sammeln – das ist je nach Region unterschiedlich. Sonst würde am Ende vielleicht niemand für die neue Partei stimmen. Macht Sinn: Eine Partei ist schließlich dazu da, gewählt zu werden.

Warum kann man extreme Parteien nicht einfach verbieten?

In Deutschland ist es sehr schwierig, eine Partei zu verbieten. Das ist gut so: Für eine Demokratie ist es wichtig, dass möglichst verschiedene Meinungen in der Politik vertreten sind. Wenn es viele unterschiedliche Parteien gibt, ist das der Fall. Auf der anderen Seite bedeutet es aber auch, dass es sehr schwer ist, extreme Parteien zu verbieten. Seit 60 Jahren wurde keine Partei mehr verboten.

Extreme Parteien können gefährlich sein. Ihre Mitglieder sind oft bereit, Gewalt anzuwenden. Ihnen ist die Demokratie nicht so wichtig: Sie finden, nur ihre eigene, extreme Meinung ist richtig. Die wollen sie durchsetzen.

Wer eine Partei verbieten will, muss sich ganz sicher sein: Diese Partei verstößt gegen das Grundgesetz. Darin steht, dass Parteien verboten werden können, die gefährlich für die Demokratie sind. In Deutschland ist das zum Beispiel bei der NPD der Fall. Die NPD, die Nationaldemokratische Partei Deutschlands, ist eine rechtsextreme Partei.

Ihre Mitglieder sagen sehr schlimme Dinge über Leute, die aus dem Ausland nach Deutschland gekommen sind. Immer häufiger wenden die NPD-Leute auch Gewalt gegen sie an.

In Deutschland wurde deshalb schon zwei Mal versucht, die NPD zu verbieten. Jedes Mal ist das gescheitert, die Partei konnte nicht verboten werden. Beim ersten Mal lag es daran, dass die Beweise nicht aus sicheren Quellen kamen. Beim zweiten Mal urteilte das Bundesverfassungsgericht: Die NPD verstößt zwar gegen die Verfassung, aber die Demokratie gefährdet sie nicht – weil sie schlicht zu schwach ist und nicht genügend Mitglieder hat. Damit kann die NPD jetzt Werbung machen: Obwohl NPD-Mitglieder Dinge tun, die gegen das Gesetz sind, kann ihre Partei nicht verboten werden. Und einige Leute könnten glauben, dass die Partei doch nicht so schlimm ist – und selbst Mitglied werden.

Selbst wenn es geklappt hätte, und die NPD verboten worden wäre: Ideen und Meinungen kann man nicht verbieten. Die Mitglieder hätten wahrscheinlich auch nach dem Verbot weiter Schlimmes gedacht oder getan. Sie hätten sich vielleicht getroffen, ohne dass es jemand mitbekommen hätte. Deshalb sind einige Experten der Meinung, extreme Parteien sollte man gar nicht verbieten – sondern lieber besonders gut überwachen.

Warum finden viele Leute extreme Parteien gut?

Das Wichtigste zuerst: So viele Leute sind das gar nicht, besonders in Deutschland. Aber es werden immer mehr. Dafür gibt es zwei Gründe. Beide haben etwas damit zu tun, dass Menschen unzufrieden sind.

Zum einen sind die Leute, die extreme Parteien gut finden, unzufrieden mit der Politik. In den USA finden zum Beispiel vier von fünf Menschen, dass man der Regierung nicht vertrauen kann. Sie glauben, dass es den Politikern nur um sich selbst geht. Viele Leute, die das denken, sind richtig wütend auf die Politiker. Für eine extreme Partei ist es leicht, solche Leute von sich zu überzeugen: Extreme Parteien sind eigentlich immer gegen die Regierung. Sie versprechen, es ganz anders zu machen, wenn sie selbst an der Macht sind. Und sie sind gut darin, einfache Antworten auf ganz schwierige Fragen zu geben. Wenn jemand fragt: »Wie können wir die Flüchtlingskrise lösen?«, dann sagen sie zum Beispiel: »Wir machen einfach die Grenzen zu.« So einfach ist das Problem aber nicht zu lösen. Denn dabei bedenken sie nicht, dass Menschen ja weiterhin fliehen. Doch das bemerken viele Leute nicht. Sie fallen auf die extremen Parteien und ihre Versprechen rein.

Zum anderen sind Leute, die extreme Parteien gut finden, häufig unzufrieden mit sich selbst. Sie finden es toll, zu einer Gruppe zu gehören. Wenn die Gruppe extrem ist, ist das besonders einfach: Man muss nur die gleiche extreme Meinung haben. Und sich vielleicht ähnlich anziehen. Schon gehört man dazu.

Dürfen Politiker ins Freibad?

Wenn Angela Merkel mal Pommes essen geht, sieht man das gleich bei Instagram oder in der Zeitung. Vor einigen Jahren tauchten sogar Fotos von Merkel im Badeanzug auf. Die hatte ein Fotograf heimlich gemacht. Merkel war richtig sauer.

Je wichtiger der Politiker, desto mehr Leute gucken hin. Politiker reden deshalb nicht gern über die Sachen, die sie in ihrer Freizeit machen. Eigentlich sind sie ganz normale Bürger, die alle Sachen machen dürfen, auf die sie Lust haben, ins Kino oder shoppen gehen vielleicht – aber sie müssen eben immer damit rechnen, beobachtet zu werden.

Es gibt aber noch mehr Probleme: Ein Kanzler hat zum Beispiel den ganzen Tag Bodyguards um sich, die auf ihn aufpassen. Auch im Urlaub. Er ist also nie allein. So richtig entspannen kann man da wohl sowieso nicht. Und die meisten Politiker haben ohnehin keine Zeit für Hobbys oder einen Besuch im Freibad – Politiker ist einer der anstrengendsten Berufe überhaupt. Der Arbeitstag beginnt frühmorgens und endet erst in der Nacht.

Streiten sich Politiker auch, wenn die Kameras aus sind?

Richtigen Streit gibt es meistens nur vor laufenden Kameras. Zum Beispiel, wenn eine Diskussion im Bundestag übertragen wird. Oder wenn es im Wahlkampf darum geht, einen Konkurrenten als weniger geeignet darzustellen. Das ist wichtig, damit ein Wähler weiß, wofür der Politiker sich einsetzt. Schließlich soll der den Wähler ja vertreten und für ihn wichtige Entscheidungen treffen.

Sind die Kameras aus, geht es aber wohl meist ruhiger zu. Politiker sind schließlich Profis – wer immer gleich laut rumschreit, kommt nicht gerade professionell rüber. Außerdem kostet streiten richtig viel Energie. Die heben sich Politiker lieber für die Zeit auf, wenn die Kameras an sind.

Streit gehört zum Job des Politikers. Es wird von ihm erwartet, sich mal richtig über ein Thema aufzuregen oder einem Kollegen die Meinung zu sagen. Die Aufgabe der Politik ist es, Probleme für die Bürger möglichst gut zu lösen. Um die beste Lösung herauszufinden, ist Streit manchmal nötig. Viele Leute müssen ihre Meinung zu einem Thema sagen. Zu so einem Streit gehört natürlich auch, dass man sich wieder verträgt. Meist einigen sich Politiker bei schwierigen Themen auf einen Kompromiss. Dann sind beide Seiten glücklich.

Die Wahl

Warum dürfen Kinder noch nicht wählen?

Die einfache Antwort ist: Irgendwo muss eben eine Grenze gezogen werden. Schließlich kann ein Kleinkind noch nicht wählen gehen – es würde gar nicht kapieren, was es da gerade tut. Aber wo man dann genau die Grenze zieht, ist Ansichtssache. Bislang bietet sich die Volljährigkeit als Grenze an, also das Alter von 18 Jahren. Zu diesem Zeitpunkt darf man plötzlich viele Sachen: Allein Auto fahren zum Beispiel, selber Verträge abschließen – und wählen. Sogar im Grundgesetz steht, dass jeder Deutsche ab 18 Jahren wahlberechtigt ist. Allgemein nimmt man an, dass Menschen dann reif und gebildet genug sind, um eigene Entscheidungen zu treffen und die Verantwortung dafür zu übernehmen.

Es gibt aber Experten, die fordern, dass schon 14-Jährige wählen dürfen. Denn viele Kinder und Jugendliche interessieren sich heute wenig für Politik. Dürften sie selber wählen gehen, würde sich das vielleicht ändern. In einigen Bundesländern ist Wählen bereits für Jugendliche ab 16 erlaubt. Allerdings nur bei den Kommunalwahlen, sozusagen auf niedrigster Ebene. Es kann also sein, dass es weitere Änderungen gibt – und irgendwann auch Kinder oder Jugendliche wählen dürfen. Dafür spricht, dass sich das Wahlrecht im Laufe der Zeit immer wieder geändert hat. Im antiken Rom etwa durften nur die reichen, männlichen Bürger wählen. Frauen hatten lange Zeit kein Recht auf Mitsprache. In der Schweiz durften Frauen zum ersten Mal 1971 wählen – das ist nur knapp 50 Jahre her. In Deutschland dürfen Frauen schon seit etwa 100 Jahren wählen. Für uns heute ist das unvorstellbar, dass Frauen und Männer nicht die gleichen Rechte haben. Vielleicht geht es den Menschen in 100 Jahren mit dem Wahlrecht für Kinder und Jugendliche genauso?

Kann man sich verwählen?

Bei einer Wahl darf jeder Wähler der Partei seine Stimme geben, die er selbst am besten findet. Dabei kann man nichts falsch machen.

In Deutschland gilt die Meinungsfreiheit. Das bedeutet, dass jeder jederzeit seine Meinung sagen darf – egal ob bei einem Referat in der Schule, als Journalist in der Zeitung oder online auf YouTube. Es gibt nur eine Einschränkung: Man darf mit seiner freien Rede nicht gegen Gesetze verstoßen – also zum Beispiel jemanden persönlich beleidigen oder andere Menschen zur Gewalt aufrufen. Das kann bei einer Wahl ja nicht passieren. Man macht schließlich nur im Geheimen ein Kreuzchen auf einem Bogen Papier.

Bei jeder Wahl kommt es aber vor, dass ungültige Stimmzettel abgegeben werden. Das kann zwei Gründe haben: Zum einen können Wähler damit zeigen, dass sie keine der Parteien gut finden, die zur Wahl stehen. Zum anderen kann es sein, dass ein Wähler nicht verstanden hat, wie er den Wahlzettel richtig ausfüllt. Er hat zum Beispiel in einer Liste zwei Kreuze gemacht, obwohl er nur eins hätte machen dürfen. Niemand weiß dann, für wen sich der Wähler eigentlich entscheiden wollte, und der Stimmzettel kann nicht mitgezählt werden. Dieser Wähler hat sich dann tatsächlich verwählt.

RICHTIG

FALSCH

Wieso ist bei der Wahl alles so geheim?

Bei einer Wahl soll jeder ganz frei seine eigene Meinung sagen können. Deshalb ist es wichtig, dass dabei niemand zugucken kann.

Stell dir vor, deine Klasse soll abstimmen: Wohin soll die nächste Klassenfahrt gehen? Die Abstimmung fällt knapp aus. 13 Schüler wollen in den Norden ans Meer, 14 lieber in den Süden. In der Pause erzählen einige, sie wären auch lieber ans Meer gefahren, hätten sich aber nicht getraut, sich dafür zu melden – weil sonst die anderen sauer auf sie gewesen wären. Es würde helfen, wenn beim nächsten Mal alle mit geschlossenen Augen abstimmen und die Lehrerin zählt. So weiß am Ende niemand, wer wofür gestimmt hat.

Das geht bei einer großen Wahl ja nicht. Deshalb gibt es kleine Kabinen, die man nur allein betreten darf – manchmal dürfen ausnahmsweise Kinder mit. So weiß am Ende niemand, für welche Partei man gestimmt hat. Das sogenannte Wahlgeheimnis ist sogar vom Grundgesetz vorgeschrieben. Wird es nicht eingehalten, gilt eine Wahl nicht.

Muss man zur Wahl gehen?

Nein, aber wenn man nicht wählen geht, entscheiden andere darüber, wie die eigene Zukunft aussieht. In vielen Ländern würden die Menschen gern über ihre Zukunft abstimmen, dürfen es aber nicht. Außerdem gehen Wähler von extremen Parteien besonders häufig zur Wahl – will man also nicht, dass so eine Partei an die Macht kommt, sollte man selbst zur Wahl gehen. Eine Demokratie kann nur funktionieren, wenn möglichst viele Bürger wählen gehen. Denn damit entscheiden sie, was in ihrem Staat in Zukunft passiert. Wer nicht wählt, kann auch nicht durch einen Abgeordneten oder eine Partei vertreten werden. Die Meinung der Nichtwähler hat viel weniger Chancen, gehört zu werden.

Trotzdem: Niemand muss wählen. In Deutschland gibt es ein Wahlrecht, keine Wahlpflicht. Wer nicht zur Wahl geht, macht damit ja auch eine Aussage: Keine der Parteien gefällt ihm. Oder er denkt, es gewinnt sowieso der Favorit. Es ist also die Freiheit jedes Einzelnen, ob er wählen geht oder nicht. Und von zehn Wahlberechtigten gehen tatsächlich etwa drei nicht wählen – sind die Kandidaten bei der Wahl besonders umstritten, bleiben weniger zu Hause. Übrigens: Wer am Wahltag nicht kann oder zu krank ist, um zum Wahllokal zu gehen, kann trotzdem mitmachen: per Briefwahl.

Wie trainieren Politiker für den Wahlkampf?

Boxhandschuhe brauchen Politiker für den Wahlkampf nicht. Sie kämpfen eher mit Worten. Auch das kann ordentlich wehtun. Denn im Wahlkampf geht es darum, Wähler für die eigenen Interessen zu begeistern – und gleichzeitig die Ideen der Gegner schlechtzureden. Am besten so schlecht, dass niemand mehr den Kandidaten wählt.

Bei wichtigen Wahlen wie der Bundestagswahl müssen die Kanzlerkandidaten gegeneinander antreten. Dafür gehen sie nicht in den Boxring, sondern ins Fernsehstudio. Diese TV-Duelle schauen Millionen Menschen an. Deshalb üben die Politiker vorher lange. Sie müssen auf jede mögliche Frage eine richtig gute Antwort haben. Viele bereiten sich mit sogenannten Medientrainern vor. Wie ein Boxcoach zeigen diese Trainer den Politikern die besten Tricks – nur eben nicht für den besten Aufwärtshaken, sondern für ein gutes Auftreten vor der Kamera. Selbst wenn eine fiese Frage kommt, kriegen die Politiker dann nicht gleich einen knallroten Kopf – sondern geben ganz ruhig eine Antwort. Trotzdem: Nach so einer Debatte sind die Politiker mindestens so erschöpft wie nach einem Boxkampf.

Warum sehen Wahlplakate alle ähnlich aus?

Für das Aufhängen von Wahlplakaten gibt es klare Regeln. Bevor überhaupt etwas aufgehängt werden darf, muss eine Genehmigung von der Stadt eingeholt werden. Insgesamt darf nicht länger als zwei Monate plakatiert werden. Und eine Woche nach der Wahl müssen die Schilder wieder abgehängt sein – sonst muss die Partei Strafe zahlen, der das Plakat gehört.

Der Inhalt ist zwar nicht so stark beschränkt, trotzdem sehen die Plakate fast immer ähnlich aus: Das Gesicht einer Person ist abgebildet, dazu wenig Schrift und meist eine knallige Farbe. Ziemlich langweilig, könnte man meinen. Der Gedanke dahinter: Wähler sollen auf den ersten Blick verstehen, worum es auf dem Plakat geht. Und das klappt nur, wenn man auch von Weitem oder aus dem Auto sieht, dass das Plakat zum Beispiel für Die Grünen Werbung macht – mit einem großen Slogan auf grünem Untergrund und dem Gesicht des Kandidaten oder der Kandidatin.

Müssen Politiker halten, was sie im Wahlkampf versprechen?

Eigentlich müssten sie. Es gibt aber kein Gesetz, das sie dazu zwingt. Denn eine Partei regiert meist nicht allein, sondern muss sich mit einer anderen Partei einigen, was zu tun ist. Das passiert erst nach der Wahl und ist schwer vorherzusehen. Außerdem kosten manche Pläne zu viel Geld. Dann wird daraus nichts. Das könnten die Politiker sich eigentlich schon vorher ausrechnen – aber im Wahlkampf wollen sie eben vor allem die Leute überzeugen. Die Wähler können Politiker deshalb zwar nicht verklagen. Aber sie können beim nächsten Mal für jemand anderen stimmen. Deshalb ist es schlau, wenn man nicht mehr verspricht, als man halten kann.

Wer entscheidet, wer Kanzler wird?

Nicht die Wähler, jedenfalls nicht direkt. Die Wähler stimmen nur darüber ab, wer in den Bundestag kommt und welche Partei dort wie viele Plätze kriegt. Den Kanzler wählen dann die Abgeordneten im Bundestag.

Natürlich haben die Wähler trotzdem Einfluss darauf, wer Kanzler wird. Denn schon vor der Wahl stellen die Parteien Kandidaten auf, die Kanzler oder Kanzlerin werden sollen. Die Partei, die die meisten Plätze im Bundestag hat, darf den Kanzler stellen. Das ist die Partei, die auch die meisten Stimmen von den Wählern bekommt.

Mit diesem Verfahren will man verhindern, dass der Kanzler oder die Kanzlerin bei der Wahl zu sehr im Mittelpunkt steht. Entscheiden darf er oder sie am Ende ja sowieso nicht allein. Das soll den Wählern schon bei der Wahl klar sein: Sie wählen eine Partei und nicht eine bestimmte Person.

Wieso weiß das Fernsehen direkt nach der Wahl, wer gewinnen wird?

Eine Sache ist bei jeder Wahl merkwürdig: Die Wahllokale haben von 8 bis 18 Uhr geöffnet. Und Punkt 18 Uhr verkünden die Moderatoren im Fernsehen, wie die Wahl vermutlich ausgeht. Und das, obwohl noch kein einziger Wahlzettel ausgezählt ist.

Dahinter steckt ein Team aus Wissenschaftlern. Die können zwar nicht hellsehen, aber sie können Prognosen machen, also sehr genaue Vorhersagen. Das schaffen sie, indem sie die Menschen direkt am Wahllokal befragen. Die Wähler füllen ihren Wahlzettel einfach ein zweites Mal aus – nur dieses Mal für die Wissenschaftler. Zusätzlich geben sie persönliche Daten wie ihr Alter oder Geschlecht an. Ihr Name bleibt geheim. Viele Tausend Menschen werden so befragt. Die Wissenschaftler können mit diesen Daten ausrechnen, wie sich alle anderen Wähler wahrscheinlich entschieden haben. Ganz sicher können sie aber nie sein, besonders, wenn das Ergebnis sehr knapp ausfällt. Offiziell ist der Ausgang der Wahl erst, wenn die echten Wahlzettel gezählt wurden.

Wer bezahlt den Wahlkampf?

Alle Bürger. Also auch die, die gar nicht wählen gehen. Nach der Wahl kriegen die Parteien vom Staat Geld zurück – aus den Steuern, die alle Bürger bezahlt haben. Steuern zahlt in Deutschland jeder, der etwas einkauft, verkauft, oder arbeitet. Sie sind das Einkommen des Staats. Steuern werden genutzt, um zum Beispiel Schulen zu bauen, Arbeitslose zu unterstützen – oder eben Parteien zu finanzieren. Wie viel Geld es für die Parteien gibt, hängt davon ab, wie viele Menschen die Partei gewählt haben. Für eine Million Wähler bekommt eine Partei zwischen 700.000 und 850.000 Euro. Außerdem zahlen die Mitglieder der Parteien Beiträge und die Parteien erhalten Spenden. Davon kann man eine Menge Plakate drucken lassen. Der gesamte Wahlkampf kostet um die 70 Millionen Euro. Das ist nichts gegen den Wahlkampf in den USA: Der kostet über eine Milliarde Dollar. Dort zahlen aber vor allem reiche Sponsoren, die sich von der Wahl eines Kandidaten Vorteile versprechen oder eine bestimmte politische Richtung unterstützen wollen.

Wieso hat jeder Wähler zwei Stimmen?

Das ist etwas komplizierter und wird deswegen auch den Erwachsenen vor jeder Wahl noch einmal genau erklärt: Mit der ersten Stimme wählt man eine Person aus der Region, in der man lebt und wählen geht. Jede Partei stellt dort einen Kandidaten auf. Wer die meisten Stimmen bekommt, hat einen Sitz im Bundestag sicher. 299 von 598 Plätzen im Bundestag werden so vergeben. Mit der zweiten Stimme wählt man eine Partei. Dieses Kreuzchen ist wichtiger als das Kreuzchen bei der Erststimme: Denn damit bestimmen die Wähler darüber, wie viele Sitze die Partei insgesamt im Bundestag hat. Die Zweitstimme entscheidet also darüber, welche Partei am Ende die Mehrheit hat. Mit der Erststimme sagen die Wähler nur, wer aus der eigenen Gegend auf einem der Plätze sitzen darf. Diese Art zu wählen ist kompliziert, aber ziemlich gerecht. Es gibt sie nur in fünf Ländern der Welt.

Dürfen auch behinderte, betrunkene und alte Menschen wählen?

Dass jemand in Deutschland nicht wählen darf, ist eine absolute Ausnahme. Denn laut Grundgesetz hat jeder ab 18 Jahren das Recht, zur Wahl zu gehen. Niemand verliert also sein Wahlrecht, nur weil er alt ist. Auch wer betrunken ins Wahllokal kommt, darf wählen – solange er nicht laut wird oder randaliert.

Es gibt aber eine Einschränkung. Momentan dürfen Menschen, die den ganzen Tag betreut werden, nicht wählen. Das sind zum Beispiel Menschen mit einer schweren geistigen Behinderung oder alte Menschen, die an Demenz erkrankt sind und viele Dinge vergessen. Sie können nicht alleine leben und brauchen bei allem Hilfe. Einige Politiker setzen sich dafür ein, dass auch diese Menschen wählen dürfen. Die Politiker finden es ungerecht, dass einige Behinderte von der Wahl ausgeschlossen sind. Schließlich weiß niemand, was in ihren Köpfen vorgeht – und ob sie nicht gerne wählen würden.

Warum ist Wählen in den USA so kompliziert?

Ist es eigentlich gar nicht. Es kommt uns aber so vor, weil es etwas anders funktioniert als bei uns. Bei der Wahl zum Präsidenten ist der Anfang ganz ähnlich wie bei der Deutschen Bundestagswahl: Die Wähler geben genau wie in Deutschland ihre Stimme im Wahllokal oder per Brief ab. In einigen Bundesstaaten dürfen sie das nur, wenn sie sich vorab als Wähler registriert haben. In Deutschland ist automatisch jeder Bürger über 18 als Wähler eingetragen.

Was dann kommt, ist anders als bei uns. Denn die Wähler in den USA stimmen für sogenannte Wahlmänner. Die gibt es in Deutschland nicht. Die Wahlmänner wählen später den Präsidenten. Sie müssen deshalb vor der Wahl bekannt geben, für welchen Kandidaten sie sind.

In den USA kämpfen meist zwei Kandidaten gegeneinander, weil es zwei besonders starke Parteien gibt: Die Republikaner und die Demokraten. Es ist schon vorher klar, dass eine der beiden Parteien die Wahl gewinnt. Die Wahlmänner sind also meist entweder für die Republikaner oder für die Demokraten. Sie haben nach der Wahl keine politische Macht – sie sind nur dafür da, ein einziges Mal über den Präsidenten abzustimmen.

Schon einige Monate vor der großen Wahl gibt es in den USA eine sehr wichtige Abstimmung, die sogenannten Vorwahlen. Dabei wird entschieden, wer überhaupt Kandidat für die Präsidentschaft wird. Auch das ist anders als in Deutschland: Hier bei uns entscheiden einfach die Parteien selbst, wer Kandidat wird. In den USA stimmen die Wähler darüber ab. Bei den Vorwahlen können sie einen sogenannten Delegierten wählen. Der hat schon vorher gesagt, welchen Kandidaten er unterstützt. Stimmen genug Wähler für den Delegierten, darf er auf dem Parteitag seine Stimme für den Kandidaten abgeben. Dieses System gibt es, weil der Präsident mehr Macht hat als ein deutscher Kanzler. Von Anfang an sollen die Bürger entscheiden können, wer Präsident wird.

Kinder
machen Politik

Wo können Kinder mitbestimmen?

Obwohl Kinder noch nicht wählen dürfen, können sie ganz schön viel bewegen. Wer sich zum Beispiel für Tiere einsetzen will, kann in den Naturschutzverein eintreten. Damit bewirkt man etwas für die Natur direkt vor der eigenen Haustür – indem man Müll sammelt oder einen neuen Tümpel anlegt, in dem sich Tiere ansiedeln. Wer Mitglied in einem Verein wird, ist zwar kein Politiker. Aber Vereine haben Einfluss darauf, was die Politik in Deutschland macht. Besonders, wenn sie viele Mitglieder haben.

Wer direkt Politik machen will, der lässt sich zum Kinderbürgermeister seiner Stadt wählen. Ein Kinderbürgermeister hat zwar nicht so viel Macht wie der echte Bürgermeister. Aber er kann den wichtigen Politikern sagen, was für Kinder in der Stadt verbessert werden sollte. Und er kann so selbst ausprobieren, wie es ist, Politiker zu sein. In einigen Städten gibt es schon Kinderbürgermeister, etwa in Soltau oder Staufenberg. Ist das in deiner Stadt noch nicht der Fall, schreib doch einfach mal an den Bürgermeister oder die Bürgermeisterin und schlag das vor. Vielleicht kannst du dich dann bald bei der Wahl zum Kinderbürgermeister aufstellen lassen.

Ältere Kinder oder Jugendliche können auch Mitglied im Jugendparlament werden. Diese Parlamente gibt es in den meisten großen deutschen Städten. Hier wird schon richtig Politik gemacht: Meist haben die Jugendparlamente eine bestimmte Geldsumme zur Verfügung. Damit können sie zum Beispiel einen neuen Skatepark bauen oder einen Fotowettbewerb über ihre Stadt ausrichten.

Wie kann ich eine Kinderdemo organisieren?

Erst mal brauchst du natürlich eine Idee, worum es bei der Demo gehen soll. Überleg mal: Was nervt dich oder macht dich sogar wütend? Vielleicht, dass die Schule so lange dauert, dass du keine Zeit zum Spielen hast. Oder die Menschen, die gegen Flüchtlinge sind. Wenn du das Thema gefunden hast, kannst du deine Demo bei der Polizei anmelden – das musst du unbedingt, sonst darf sie nicht stattfinden. Nimm jemanden mit, der über 18 ist.

Dann ist Werbung das Wichtigste. Denn eine Demo besteht nur aus Menschen. Wenn keiner kommt, macht es keinen Spaß. Lade am besten alle deine Freunde ein. Um auf die Demo aufmerksam zu machen, kannst du in der Schule Flyer verteilen, eine Homepage erstellen oder eine WhatsApp-Gruppe gründen, in der du die wichtigsten Infos postest, falls du schon ein Handy hast.

Damit deine Botschaft ankommt, sollte über die Demo berichtet werden. Ruf bei der Zeitung deiner Stadt an und schreib auch an das Fernsehen oder Radio. Erzähl ihnen, warum du die Demo organisierst und wann sie stattfindet. Dann kommt bestimmt ein Reporter vorbei.

Bei einer Demo werden meist Plakate hochgehalten. Überleg dir dafür ein paar gute Sprüche: Sie sollten kurz sein und klarmachen, worum es bei der Demo geht und wofür du dich einsetzt. Dann kann es losgehen!

Ich will später Politiker werden. Wie kann ich dafür üben?

Alles, was du dafür brauchst, hast du zu Hause: Einen Spiegel und ein paar Leute, deine Familie zum Beispiel. Vor dem Spiegel übst du erst mal dein Argument. Überleg dir, woran du zu Hause etwas ändern möchtest. Vielleicht willst du, dass dein bester Freund häufiger bei dir übernachten darf – deine Eltern erlauben es aber nur in den Ferien. Mit welcher Begründung könntest du sie überzeugen? Das übst du vor dem Spiegel. Überleg dir auch, was deine Eltern antworten würden und wie du darauf am besten reagierst. Vielleicht einigt ihr euch am Ende auf einen Kompromiss – dein Freund darf zwar nicht immer, aber manchmal am Wochenende übernachten.

Etwas anderes machen Politiker nämlich auch nicht: Sie argumentieren und diskutieren. Nur, dass sie nicht mit ihren Eltern übers Übernachten streiten, sondern mit anderen Politikern über Dinge, die für eine ganze Stadt oder ein Land wichtig sind. Dabei wirken sie meist auch noch cool und lassen sich nicht gleich aus der Fassung bringen, wenn mal jemand etwas Gemeines zu ihnen sagt. Um das selber auch so hinzubekommen, muss man ziemlich viel trainieren.

Wenn du professioneller üben willst, dann geh am besten in einen Debattierklub. Viele Schulen haben einen. Falls deine Schule noch keinen hat, kannst du einfach einen gründen. Dort kannst du mit Leuten in deinem Alter diskutieren und üben, noch besser zu argumentieren.

Muss man Politik studieren, um Politiker zu sein?

Nein. Man muss überhaupt nicht studieren, um Politiker zu werden. Eigentlich wäre es sogar gut, wenn genauso viele Akademiker, also Leute mit einem Studienabschluss, wie Handwerker oder Arbeiter in die Politik gingen. Denn als Politiker geht es ja darum, die Bevölkerung eines Staats zu vertreten – und die meisten Leute haben eben nicht studiert.

In Wirklichkeit sieht es aber etwas anders aus: Die meisten Politiker waren mal an der Uni. Der größte Teil hat Jura studiert, also Recht. Sie hätten auch Richter oder Staatsanwalt werden können. Ein anderer großer Teil studierte tatsächlich Politik. Dabei wird man aber nicht zum Politiker ausgebildet, sondern lernt viel Theorie über das politische System.

Wer als Politiker arbeiten will, muss sich als Erstes für eine Partei entscheiden und eintreten. Meist macht man dann erst mal in der Politik der eigenen Stadt mit. Bis man Politiker auf Bundesebene wird, dauert es sehr lange – und es bedeutet vor allem harte Arbeit. Davon solltest du dich aber nicht abschrecken lassen. Denn Politiker sein macht auch richtig viel Spaß.

Wenn ich Kanzler(in) von Deutschland wäre, würde ich ...

Für die Umwelt

... große Parks und Grünflächen anlegen lassen

... nur noch Autos erlauben, die mit Strom angetrieben werden

... alle zwei Wochen sonntags ein Fahrverbot einführen

... mich dafür einsetzen, dass wir Müll vermeiden

... mich dafür einsetzen, dass weniger Wälder abgeholzt werden

... Atomkraftwerke abschaffen

... mehr Werkstätten schaffen, die alte Sachen reparieren

... noch mehr Windräder aufstellen

... viele Radwege bauen lassen

... mich dafür einsetzen, dass weniger Lebensmittel weggeworfen werden

... mehr auf Recycling achten

... mehr Stationen bauen, an denen man Fahrräder ausleihen kann

Für die Tiere

... dafür sorgen, dass Schweine und Hühner nicht in Massentierhaltung leben müssen

... mich dafür einsetzen, dass Tiere im Zoo und im Zirkus artgerecht gehalten werden

... vom Aussterben bedrohte Tiere besser schützen

... Zuchtzentren für vom Aussterben bedrohte Tierarten bauen

... Tierversuche verbieten

Wenn ich Kanzler(in) von Deutschland wäre, würde ich ...

Für die Kinder

... mich für Kinderrechte einsetzen

... das Wahlrecht für Kinder einführen

... Kindern in Not helfen

... mich für die Abschaffung von Kinderarbeit einsetzen

... die Schule später beginnen lassen

... etwas für die Bildung von Kindern in Entwicklungsländern tun

... die Schulen modernisieren und mehr moderne Technik einführen

... das Schulsystem ändern

... Kinder mehr mitbestimmen lassen, auch wenn sie nicht wählen dürfen

... Süßigkeiten-Tage einführen

... Altersbeschränkungen für Spiele und Filme abschaffen

... öfter die Schultoiletten säubern lassen und alte Toiletten renovieren

Wenn ich Kanzler(in) von Deutschland wäre, würde ich …

Für die Gesellschaft

… mich für arme Menschen einsetzen

… mich darum kümmern, dass Arme Trinkwasser haben

… dafür sorgen, dass Mädchen und Frauen nicht benachteiligt werden

… versuchen, den Menschen das Leben etwas leichter zu machen

… mich für mehr Gerechtigkeit einsetzen

… für alle Menschen bezahlbare Wohnungen bauen

… dafür sorgen, dass Hautfarbe keine Rolle spielt

… alten und behinderten Menschen helfen

… Obdachlosen helfen

… mich dafür einsetzen, dass Leute mit sozialen Berufen mehr Geld bekommen

… das Bedingungslose Grundeinkommen einführen

… gegen Mobbing ankämpfen

… niemals lügen

… mehr Bibliotheken bauen

… etwas gegen Fremdenhass unternehmen

… Flüchtlingen erlauben zu arbeiten

… die Ursachen der Flüchtlingskrise beseitigen

… die Kriege beenden

… Waffenlieferungen an andere Länder stoppen

… die Bundeswehr besser ausstatten

… Terrorismus bekämpfen

… Waffen in Deutschland verbieten

DANKE!

Jan von Holleben: Mein größtes Dankeschön geht an all die schlauen und neugierigen Kinder, die in politisch wilden Zeiten an diesem Buch mitgearbeitet haben, und an ihre Eltern für das geschenkte Vertrauen. Namentlich an die 4c der John F. Kennedy Schule Berlin und an Christina Oette von Lichtkind fürs Mitspielen. Außerdem ein Dankeschön an die Herren der Requisite, Onkel Philipp und unsere Paketboten, und an die Könige der Daten, Joscha Bruckert und Marta Szczepanska. Ihr seid super!

Lisa Duhm: Mein Dank gilt der »Dein SPIEGEL«-Redaktion für die Unterstützung vor und während der Arbeit an diesem Buch. Danke, Bettina und Ansbert. Ohne eure Expertise und das Fachwissen aus »Dein SPIEGEL« wäre dieses Buch nur halb so gut geworden. Höchstens.

Der Verlag dankt dem Geschwister-Scholl-Gymnasium und dem Hölderlin-Gymnasium, beide Stuttgart, und ihren DirektorInnen Irmgard Brendgen und Matthias Wasel, sowie allen beteiligten LehrerInnen und SchülerInnen für die großartige Unterstützung bei der Entwicklung des Fragenpools und für die spannenden Statements.

Koordinator Geschwister-Scholl-Gymnasium: Wolfgang Zucht
Birgit Ruppert, Wolfgang Zucht (Klasse 6c)
Philipp Balcke (Klasse 7b)
Philipp Balcke, Meike Markert (Klasse 7d)

Koordinatorin Hölderlin-Gymnasium: Stefanie Kratzer
Kerstin Schick (Klasse 5a)
Stefanie Kratzer (Klasse 6b)
Jasim Lolakas (Klasse 8a)

Jan von Holleben, geboren 1977, studierte zunächst Sonderpädagogik in Freiburg und später Theorie und Geschichte der Fotografie am Surrey Institute of Art and Design in Farnham in Großbritannien. Nach sieben spannenden Jahren in London als Art Director, Bildredakteur und Gründer verschiedener Kunst- und Fotoorganisationen lebt er heute in Berlin und arbeitet unter anderem für Geo, Geolino, Die Zeit, Zeit Leo, den SPIEGEL, »Dein SPIEGEL«, Neon, Eltern, Chrismon und SZ Magazin.

Lisa Duhm, geboren 1991 in Hamburg, arbeitet als Redakteurin beim Kindermagazin »Dein SPIEGEL«. Sie arbeitete als freie Journalistin in den USA, bevor sie den internationalen Masterstudiengang »Journalism, Media and Globalization« an den Universitäten Aarhus und Hamburg absolvierte. Im Jahr 2016 wurde ihre Arbeit zu den Rassenunruhen in den USA mit dem Medienpreis der Kindernothilfe ausgezeichnet.

In dieser Reihe ist bei Gabriel ebenfalls erschienen:
Denkste?! – Verblüffende Fragen und Antworten rund ums Gehirn
Kriegen das eigentlich alle? – Die besten Antworten zum Erwachsenwerden
Und was wird jetzt mit mir? – Scheidung – Die besten Antworten auf wichtige Kinderfragen
WWWas? – Alles, was du schon immer übers Internet wissen wolltest
Wie heißt dein Gott eigentlich mit Nachnamen? – Kinderfragen zu fünf Weltreligionen

von Holleben, Jan/Duhm, Lisa:
Wenn ich Kanzler(in) von Deutschland wär …
ISBN 978 3 522 30481 8

In redaktioneller Zusammenarbeit mit »Dein SPIEGEL«
© SPIEGEL-Verlag Rudolf Augstein GmbH & Co. KG, Hamburg 2017

Reihenkonzept und Fotografie: Jan von Holleben
Inhaltliches Konzept und Texte: Lisa Duhm
Redaktion: Katharina Ebinger
Kinder: Elias Bartz, Eleni Breitfeld, Ilyas Derya, Lilly Diekmann, Dominic Foday, Fritz Funcke, Odric Gaspers, Emilia Gauri, Berkay Gemici, Orkay Gemici, Josephine Haffmans, Konrad Haffmans, Leyna Hanrahan, Stine Hantschk, Tristan Heers, Emilia Hennig, Annik Hoffmann, Ben Joffe, Moriz Kreyssig, Taja Kreyssig, Josefine Löken, Sanjana Lugani, Marie Mischko, Louis Mutscher, Eli Nguyen Thanh, Greta Niederstraßer, Arthur Oette, Ceyda Pericie, Annely Prey, Hanno Prigge, Milla Prigge, Moritz Rafflenbeul, Mathis Rügamer, Carolina Schmidt, Finley Schwalbe, Lyah Spolan, Charlotte Steinhaus, Jolina Amely Trinks, Lucia Weißer
Einbandtypografie: Sibylle in der Schmitten
Making-of-Bilder: Joas Strecker
Vorlage Innenlayout: Rüdiger Joppe
Satz: Tanja Haaf
Reproduktion: Digitalprint GmbH, Stuttgart
Druck und Bindung: Livonia Print, Riga

© 2017 Gabriel
in der Thienemann-Esslinger Verlag GmbH, Stuttgart
Printed in Latvia. Alle Rechte vorbehalten.